Schön, dass wir uns kennen lernen

Und wie heißt du?

Ich bin Maxi Maus und helfe dir beim Lernen.

Zusammen wiederholen wir, was du in der Schule gelernt hast. Die vielen abwechslungsreichen Übungen machen dir bestimmt Spaß!
Am Ende des Heftes bist du dann sicher fit für einen kleinen Test.

Du findest auf jeder Doppelseite eine kleine Überraschung in den roten Dreiecken.
Auf Seite 32 erfährst du, was du damit machen kannst.

In diesem Heft gibt es Zeichen mit festgelegten Bedeutungen:

Regel, unbedingt lernen!

Hier gebe ich dir wichtige Tipps.

Lege ein leeres Heft bereit, in dem du die Aufgaben rechnen kannst.
Viel Spaß und Erfolg!

Dein Maxi Maus

So kannst du auch sagen

addieren	—	zusammenzählen
subtrahieren	—	abziehen
multiplizieren	—	malnehmen
dividieren	—	teilen

Auf einen Blick

Textaufgaben sind Rechenaufgaben, die in Textform dargestellt werden.
Alle Angaben, die du brauchst, um die Aufgabe zu lösen, sind im Text versteckt.
Lies die Textaufgabe ganz genau durch, bevor du anfängst zu rechnen. Vielleicht hilft es dir auch, eine Zeichnung von der Aufgabe zu machen.

Textaufgaben kannst du leichter lösen, wenn du bei jeder Aufgabe folgende Fragen benutzt:

1. **Was will ich wissen?** Unterstreiche in Rot.
2. **Was weiß ich schon?** Unterstreiche in Blau.
3. **Kann mir eine Zeichnung helfen?**
4. **Wie muss ich rechnen?**
5. **Wie heißt die Antwort?**

Beispiel:

Jan kauft 300 g Schweizer Käse.
Insgesamt soll er 500 g Käse kaufen.
Rechne aus, wie viel g noch fehlen.

1. **Was will ich wissen?** Wie viel g fehlen noch?
2. **Was weiß ich?** Jan hat schon 300 g Käse gekauft. Insgesamt braucht er 500 g Käse.
3. **Kann mir eine Zeichnung helfen?**

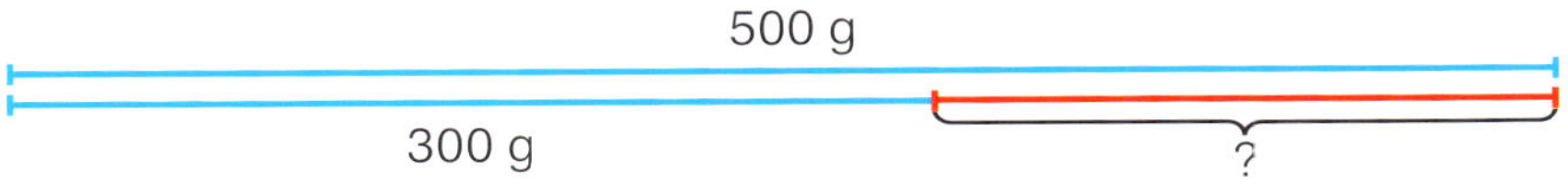

4. **Wie muss ich rechnen?** 500 g – 300 g = 200 g
5. **Wie heißt die Antwort?** Es fehlen noch 200 g.

Längen (Einheiten)

mm = Millimeter	1 cm = 10 mm
cm = Zentimeter	1 dm = 10 cm
dm = Dezimeter	1 m = 10 dm
m = Meter	1 m = 100 cm
km = Kilometer	1 km = 1000 m

Beispiel: 8 km 300 m = 8,300 km = 8300 m

Gewichte (Einheiten)

g = Gramm	
kg = Kilogramm	1 kg = 1000 g
t = Tonnen	1 t = 1000 kg

Beispiel: 4 kg 300 g = 4,3 kg = 4300 g

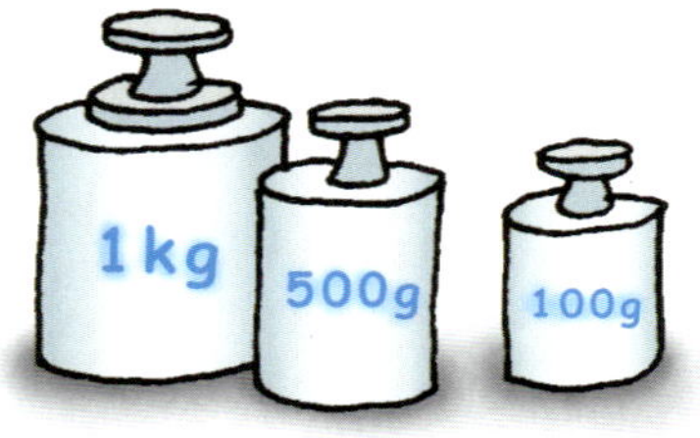

Zeit (Einheiten)

s = Sekunden	1 min = 60 s
min = Minuten	1 h = 60 min
h = Stunden	1 Tag = 24 h

Beispiel: 1 h 20 min = 80 min

Geld (Einheiten)

ct = Cent	1 ct = 0,01 €
€ = Euro	1 € = 100 ct

Beispiel: 1 € 10 ct = 1,10 € = 110 ct

Das Baumhaus

mm/cm

Stefan und seine Freunde wollen ein Baumhaus bauen. Die Kinder haben bereits alles eingekauft, was sie für den Bau benötigen.

1 Sie schrauben 8 Bretter nebeneinander.
Jedes Brett ist 10 cm breit.
Rechne aus, wie breit die Bretter zusammen sind.

Frage: *Wie breit sind die Bretter zusammen?*

Zeichnung:

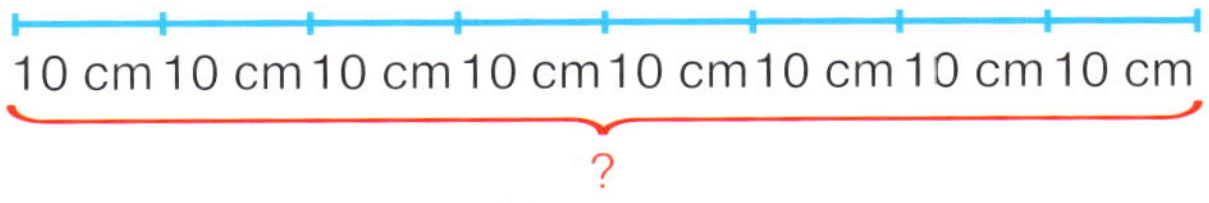

Rechnung: *10 cm · 8 =* [redacted]

Antwort: *Die Bretter sind zusammen* [redacted] *breit.*

Regel:

1 cm (Zentimeter) = 10 mm (Millimeter)

2 Von einer 30 cm langen Schnur schneidet Jan zuerst 5 cm, dann 11 cm und noch 6 cm ab. Rechne aus, wie viel Schnur noch übrig ist.

Frage:

Zeichnung:

Rechnung: 30cm - 5cm - 11cm - 6cm =8cm

Antwort:

3 Die Kinder machen sich eine Skizze, wie das Baumhaus aussehen soll. Jans Bleistift ist 17 cm lang, Anjas Bleistift ist 4 cm kürzer. Rechne die Länge aus. Rechne das Ergebnis in mm um.

Frage:

Zeichnung:

Rechnung:

Antwort:

4 Das Baumhaus hat 2 kleine Fenster.
Unten an jedes Fenster schrauben die Kinder eine Leiste. Eine Leiste muss 30 cm lang sein.
Wie lang sind die Leisten zusammen?
Rechne das Ergebnis in mm um.

Frage:

Zeichnung:

Rechnung:

Antwort:

Im Zirkus

cm/dm

Jan und Tina sind heute im Zirkus.
Besonders beeindruckt sind sie von dem Seehund Billi. Er balanciert Bauklötze auf seiner Schnauze.

1 Interessant ist auch die Bärennummer.
Der Braunbär klettert zuerst auf eine 30 cm hohe Tonne, dann auf eine 20 cm höhere.
Rechne aus, auf welcher Höhe der Braunbär jetzt steht.

Frage: *Auf welcher Höhe steht der Braunbär?*

Zeichnung:

Rechnung: *30 cm + 20 cm =* [redacted]

Antwort: *Der Braunbär steht auf der Höhe von* [redacted].

Regel:

1 dm (Dezimeter) = 10 cm (Zentimeter)

2 Der Clown jongliert 5 Stäbe durch die Luft.
1 Stab ist 3 dm lang. Wie lang sind alle 5 zusammen? Rechne das Ergebnis in cm um.

Frage:

Zeichnung:

Rechnung:

Antwort:

3 Ein Zauberer kommt in die Manege.
Plötzlich zaubert er 3 kleine weiße Kaninchen aus seinem Hut. 1 Kaninchen ist 15 cm lang. Die Kaninchen laufen dicht hintereinander über den Tisch. Wie lang ist die Kaninchenreihe?

Frage:

Zeichnung:

Rechnung:

Antwort:

4 Er zaubert eine Girlande aus seinem Hut hervor und dann noch eine. Die zweite Girlande ist 9 dm lang, 20 cm länger als die erste.
Wie lang ist die erste Girlande? Rechne in dm.

Frage:

Zeichnung:

Rechnung:

Antwort:

Der Umzug

cm/m

Familie Hiller zieht um.
Stefan und Tina helfen ihrem Vater beim Tapezieren.

1 Stefans Tapetenbahn ist 2,30 m lang, die von Tina ist 50 cm kürzer. Rechne die Länge von Tinas Bahn aus.

Frage: *Wie lang ist Tinas Bahn?*

Zeichnung:

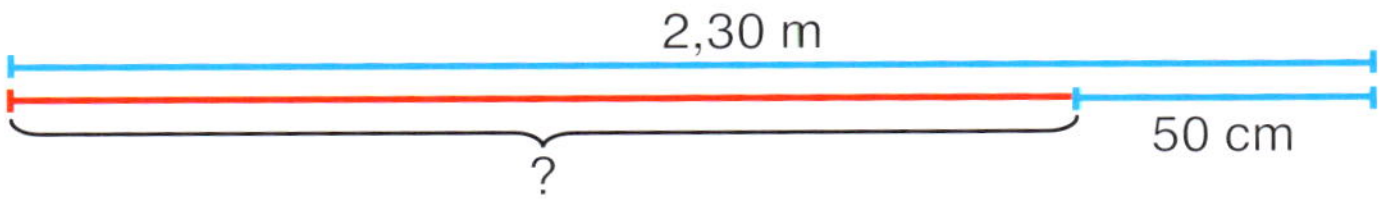

Rechnung: *2,30 m = 230 cm;*

230 cm – 50 cm =

Antwort: *Tinas Bahn ist* *lang.*

Regel:

1 m (Meter) = 1 000 mm
1 m (Meter) = 100 cm
1 m (Meter) = 10 dm

2 Von einer Tapetenrolle mit 8 m Länge schneiden Stefan 2,30 m und Tina 2,70 m ab.
Der Vater braucht 2,50 m.
Rechne aus, wie viel auf der Rolle übrig bleibt.

Frage:

Zeichnung:

Rechnung:

Antwort:

3 Die Breite der Tapetenbahn beträgt 50 cm.
Wie lang ist die Wand, wenn der Vater 8 Bahnen nebeneinander klebt? Rechne in Metern.

Frage:

Zeichnung:

Rechnung:

Antwort:

4 Am Schluss müssen die Kinder noch 2 Bodenleisten anschrauben. Die eine ist 1,80 m lang und die andere 2,50 m. Wie lang sind beide zusammen?

Frage:

Zeichnung:

Rechnung:

Antwort:

Der Ausflug

m/km

Heute machen Stefan und seine Freunde einen Ausflug. Sie fahren mit dem Zug zu Stefans Oma.

1 Sie fahren 30 km mit dem Zug. Vom Bahnhof gehen sie noch 750 m zum Haus der Oma. Rechne in km. Rechne die Gesamtlänge des Weges aus.

Frage: *Wie lang ist der Weg zu Oma insgesamt?*

Zeichnung:

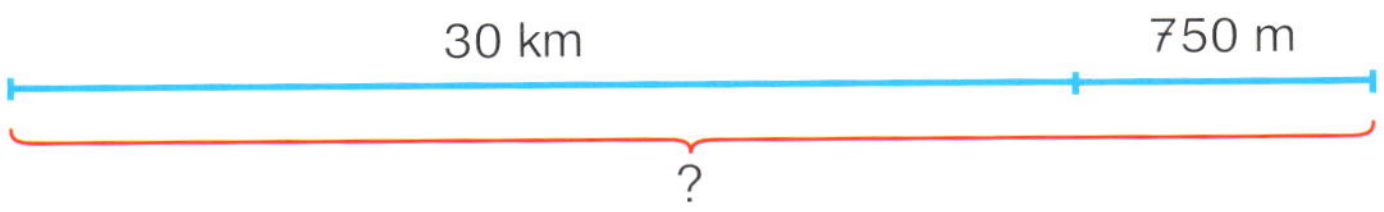

Rechnung: *750 m = 0,750 km;*
30,000 km + 0,750 km = [redacted]

Antwort: *Der Weg zu Oma ist insgesamt* [redacted] *lang.*

Regel:

1 km = 1000 m

2 Jans Vater holt die Kinder mit dem Auto bei der Oma ab. Er fährt auf der Straße 41 km. Errechne den Unterschied zur Eisenbahnstrecke (30 km).

Frage:

Zeichnung:

Rechnung:

Antwort:

3 Am nächsten Tag fährt Tina mit dem Zug zu ihrer Freundin nach Bremen. Die Strecke beträgt 120 km. Nach 85 km muss sie umsteigen. Wie weit muss Tina noch fahren?

Frage:

Zeichnung:

Rechnung:

Antwort:

4 Vom Bremer Hauptbahnhof muss Tina noch 3,700 km mit dem Bus fahren, bis sie bei ihrer Freundin ist. Wie weit ist Tina heute mit Zug und Bus gefahren?

Frage:

Zeichnung:

Rechnung:

Antwort:

Die Gartenparty

g/kg

Stefan und Tina veranstalten eine Gartenparty.
Sie haben viele Freunde eingeladen.

1 3,700 kg Bratwürstchen hat Tinas Mutter insgesamt eingekauft. Nach dem Essen sind noch 500 g übrig. Wie viel haben die Kinder gegessen?

Frage: *Wie viel haben die Kinder gegessen?*

Zeichnung:

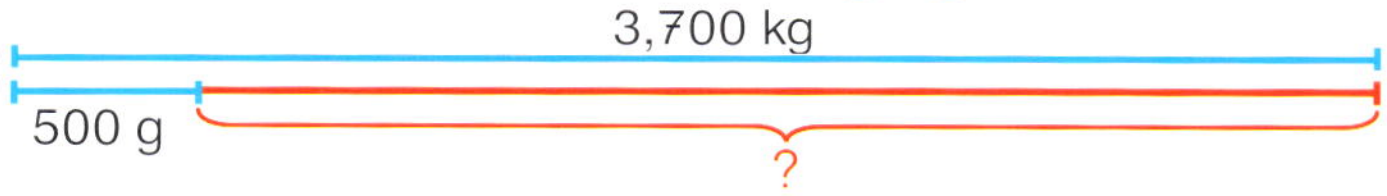

Rechnung: *3,700 kg = 3700 g;*

3700 g − 500 g = .

Antwort: *Die Kinder haben*

gegessen.

Regel:

1 kg (Kilogramm) = 1000 g (Gramm)

2 Jans Mutter backt Waffeln. Auf einem Teller liegen schon 15 Stück. Eine wiegt 100 g.

a) Wie viel wiegen die Waffeln?
Rechne das Ergebnis in kg um.

Frage: ……………………………………………

Zeichnung:

Rechnung: ……………………………………………

Antwort: ……………………………………………

b) Stefan isst davon 2 Waffeln.
Wie viel Gramm wiegen die restlichen Waffeln?

Frage: ……………………………………………

Zeichnung:

Rechnung: ……………………………………………

Antwort: ……………………………………………

3 Jan hat mit seiner Mutter einen Kuchen für die Party gebacken. Dafür haben sie 125 g Butter, 200 g Zucker, 250 g Mehl und 18 g Backpulver gebraucht.
Wie viel wiegt alles zusammen?

Frage: ……………………………………………

Zeichnung:

Rechnung: ……………………………………………

Antwort: ……………………………………………

Beim Einkaufen

g/kg

Anja ist beim Einkaufen. Ihre Mutter hat ihr eine lange Einkaufsliste mitgegeben.

1 Anja soll $\frac{1}{4}$ kg Butter mitbringen. Wie viel g sind das? Rechne um.

[redacted]

$\frac{1}{4}$ kg = ______ $\frac{1}{2}$ kg = ______

$\frac{3}{4}$ kg = ______ $1\frac{1}{2}$ kg = ______

2 Anja kauft 1500 g Kartoffeln, 210 g Zwiebeln und 325 g Tomaten. Rechne das Gesamtgewicht aus. Rechne erst in g und dann in kg um.

[redacted]

Frage: ______

Zeichnung:

Rechnung: ______

Antwort: ______

3 Anja kauft außerdem einen Karton Limonade und einen Karton Cola. In jedem Karton sind 10 Dosen. Wie viel wiegen die Dosen, wenn eine 150 g wiegt?

Frage:

Zeichnung:

Rechnung:

Antwort:

4 Auf der Einkaufsliste steht auch noch:

1 Kopf Salat (250 g)

2 kg Äpfel

1,5 kg Birnen

Wie viel muss Anja insgesamt tragen?

Rechne in Gramm um.

Frage:

Zeichnung:

Rechnung:

Antwort:

5 Anja kauft außerdem eine Riesentüte Bonbons. Darin sind 10 kleinere Bonbontüten. Eine wiegt 150 Gramm. Wie schwer ist die große Tüte?

Frage:

Zeichnung:

Rechnung:

Antwort:

Auf dem Schrottplatz

kg/t

Jans Mutter hat sich ein neues Auto gekauft.
Das alte bringen sie heute zum Schrottplatz.

1 Der neue Wagen von Jans Mutter wiegt eine $\frac{3}{4}$ Tonne. Wie viel Kilogramm sind das?

Regel:

Ganz schwere Gewichte werden in Tonnen gewogen.
1 t (Tonne) = 1000 kg

$\frac{3}{4}$ t = ... 1 t = ...

$\frac{1}{4}$ t = ... $\frac{1}{2}$ t = ...

2 Rechne in kg um.

5 t = ... 7,9 t = ...

2 t 400 kg = ... 5,2 t = ...

6 t 700 kg = ... 9,1 t = ...

7 t 300 kg = ... 10,7 t = ...

3 Stefans Vater transportiert einen Schrank, der 54 kg wiegt. Sein Auto wiegt 1 t 200 kg. Errechne das Gesamtgewicht in kg.

Frage: ______________________________

Zeichnung:

Rechnung: ______________________________

Antwort: ______________________________

4 Eine Brücke darf mit 3 t belastet werden. Der Transporter wiegt 1800 kg und ist mit 600 kg Schrott beladen. Darf er über die Brücke fahren?

Frage: ______________________________

Zeichnung:

Rechnung: ______________________________

____

Antwort: ______________________________

5 Tinas Mutter fährt Tina und ihren Bruder zur Schule. Tina wiegt 35 kg, ihr Bruder 30 kg und ihre Mutter 65 kg. Der Wagen wiegt 780 kg. Rechne aus, wie viel kg bis zu 2 t fehlen.

Frage: ______________________________

Zeichnung:

Rechnung: ______________________________

____

Antwort: ______________________________

Der Wettlauf

s/min

Jan und Stefan machen einen Wettlauf.

Tina stoppt die Zeit.

1 Danach laufen Tina und Anja um die Wette.

Tina braucht 135 s und Anja 110 s.

Wie viele Minuten sind das zusammen?

Frage: *Wie viele Minuten sind das zusammen?*

Zeichnung:

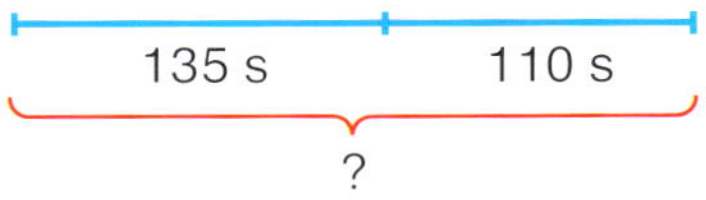

Rechnung: *135 s + 110 s = 245 s; 245 s =*

Antwort: *Es sind zusammen* .

Regel:

1 min (Minute) = 60 s (Sekunden)

2 Beim nächsten Lauf braucht Jan 1 min 15 s,
Stefan braucht 8 s länger.
Wie viele s braucht Stefan?

Frage:

Rechnung:

Zeichnung:

Antwort:

3 Anja braucht 35 s, Jan 30 s, Tina 37 s und Stefan 28 s für die gleiche Strecke.
Rechne die Gesamtzeit in Minuten um.

Frage:

Rechnung:

Zeichnung:

Antwort:

4 Tina und Anja laufen eine Langstrecke. Tina läuft insgesamt 5 min 10 s. Anja läuft 2 min 30 s länger.
Rechne aus, wie lange Anja braucht.

Frage:

Rechnung:

Zeichnung:

Antwort:

Im Freibad

min/h

Tina, Jan und ihre Freunde sind im Freibad.
Den ganzen Nachmittag tollen sie im Wasser herum.

1 Die Kinder sind seit einer $\frac{3}{4}$ Stunde im Freibad.
Jan überlegt, wie viele Minuten das sind.
Rechne um.

Regel:

1 h (Stunde) = 60 min (Minuten)

$\frac{3}{4}$ Stunde = ____________ 1 Stunde = ____________

$\frac{1}{4}$ Stunde = ____________ $\frac{1}{2}$ Stunde = ____________

2 Rechne die Zeitangaben um.

2 h = ____________ 3 h 20 min = ____________

4 h = ____________ $2\frac{1}{4}$ h = ____________

6 h 10 min = ____________ 8 h 50 min = ____________

3 Jetzt ist es 15.15 Uhr. Jan und seine Freunde sind seit 10.30 Uhr im Freibad.
Wie lange sind sie schon dort?

Tipp:

So kannst du leicht die Zeitdauer berechnen:

10.30 Uhr — **Zeitdauer?** → **15.15 Uhr**

+ 4 h 30 min → **15.00 Uhr** — **+ 15 min**

Rechnung: 4 h 30 min + 15 min =

Antwort: Sie sind schon
dort.

4 Um 18.00 Uhr fahren die Freunde nach Hause.
Sie brauchen 1 h 40 min für den Heimweg,
weil sie noch Eisessen gehen.
Wann kommen sie zu Hause an?

Tipp:

So kannst du den Zeitpunkt berechnen:

18.00 Uhr — **+ 1 h 40 min** → **Zeitpunkt?**

+ 1 h → **19.00 Uhr** — **+ 40 min**

Rechnung: 18.00 + 1 h 40 min =

Antwort: Sie kommen zu Hause um
an.

Der Besuch

min/h/Tag

Tina und Stefan bekommen Besuch von ihren Großeltern. Sie freuen sich schon sehr.

1 Die Großeltern werden am Freitagabend ankommen und fahren am Dienstagabend wieder ab. Wie viele Tage sind das? Rechne in Stunden um.

Frage: *Wie viele Stunden sind das?*

Zeichnung:

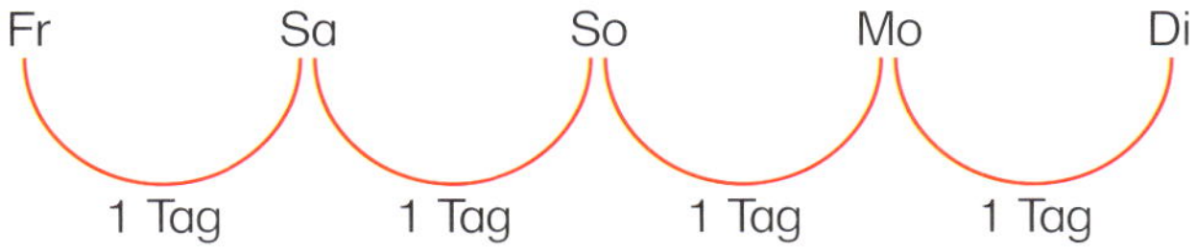

Rechnung: *Freitagabend bis Dienstagabend =*
4 Tage; 4 · 24 h =

Antwort: *Das sind* .

Regel:

1 Tag = 24 h

2 Tina und Stefan kommen am Freitag um 13.30 Uhr von der Schule heim. Die Großeltern werden um 18.45 Uhr am Bahnhof ankommen.
Rechne aus, wie lange sie noch warten müssen.

Frage:

Zeichnung:

Rechnung:

Antwort:

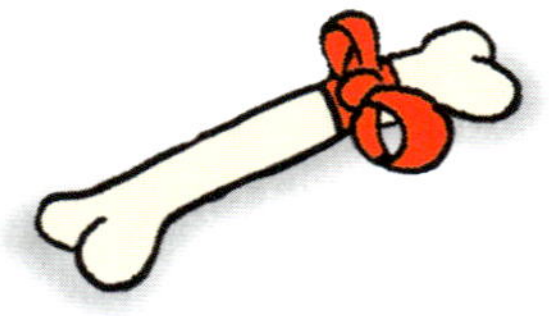

3 Sie fahren am Bahnhof um 19.00 Uhr ab.
Wegen eines Staus brauchen sie 1 h 20 min für die Rückfahrt. Wann sind sie zu Hause?

Frage:

Zeichnung:

Rechnung:

Antwort:

4 Stefan spielt den Großeltern einige Klavierstücke vor.
Das dauert $\frac{1}{4}$ h. Dann spielt Tina noch ein Flötenstück. Insgesamt geht das kleine Konzert 20 min.
Rechne aus, wie lange Tina spielt.

Frage:

Zeichnung:

Rechnung:

Antwort:

Der Geburtstag

Woche/Monat/Jahr

Anja hat heute Geburtstag. Sie wird 9 Jahre alt.

1 Vor 2 Wochen hat Anja die Einladungen an alle ihre Freunde verschickt. Wie viele Tage sind das? Rechne um.

2 Wochen = ______

6 Wochen 5 Tage = ______

3 Wochen 6 Tage = ______

4 Wochen 2 Tage = ______

2 In Monaten gerechnet beträgt Anjas Alter 108 Monate. Die Kinder überlegen, wie viele Monate ihre jüngeren Geschwister alt sind. Rechne um.

Tinas Bruder: 2 Jahre und 4 Monate = ______

Jans Schwester: 5 Jahre und 8 Monate = ______

Stefans Bruder: 6 Jahre und 1 Monat = ______

Anjas Schwester: 3 Jahre und 11 Monate = ______

3 $\frac{1}{4}$ Jahr nach Anja hat ihre Mutter Geburtstag.
Wie viele Monate sind das noch?

$\frac{1}{4}$ Jahr =	$\frac{1}{2}$ Jahr =
$\frac{3}{4}$ Jahr =	1 Jahr =
4 Jahre =	6 Jahre =

Regel:

1 Woche = 7 Tage
1 Jahr = 12 Monate

4 Anjas Eltern sind zusammen 71 Jahre und 11 Monate alt. Ihre Mutter ist 35 Jahre und 3 Monate alt. Rechne aus, wie alt ihr Vater ist.

Frage:

Zeichnung:

Rechnung:

Antwort:

5 Anjas Hund Flocki ist 2 Jahre, Anja ist 9 Jahre alt. Wie alt war Anja, als sie ihn vor $1\frac{1}{2}$ Jahren geschenkt bekommen hat?

Frage:

Zeichnung:

Rechnung:

Antwort:

In der Bank

ct/€

Tina und Stefan gehen zur Bank.

1 Tina hat von ihrem Sparkonto nacheinander 8 €, 16 € und 85 € abgehoben. Sie hatte davor ein Guthaben von 170 €. Wie viel € hat sie noch?

Frage: ....

Zeichnung:

Rechnung: ....

....

Antwort: ....

Regel:

1 € (Euro) = 100 ct (Cent)

2 a) Stefan hat 25 € zum Geburtstag bekommen. Die Oma hat noch 45 € in einem Päckchen geschickt. Rechne aus, wie viel Geld er insgesamt bekommen hat.

Frage:

Zeichnung:

Rechnung:

Antwort:

b) Auf Stefans Konto waren schon 110 €. Wie viel Geld hat er jetzt, wenn er das Geburtstagsgeld auch eingezahlt hat?

Frage:

Zeichnung:

Rechnung:

Antwort:

3 Auf dem Heimweg kauft sich Stefan ein Nusshörnchen für 1,20 € und ein Eis für 90 ct. Stefan hat nur noch 1 € und muss sich Geld von Tina leihen. Rechne aus, wie viel er sich leiht.

Frage:

Zeichnung:

Rechnung:

Antwort:

Im Kaufhaus

ct/€

Tina geht mit ihren Eltern einkaufen.

1 a) Tinas neue Jacke kostet 60 €, die Schuhe 50 €, der Pullover 29,90 €.
Rechne den Gesamtbetrag aus.

Frage: ______________________

Rechnung: ______________________

Anwort: ______________________

b) Tinas Eltern haben für die neue Kleidung 200 € eingeplant. Rechne aus, was sie übrig haben.

Frage: ______________________

Rechnung: ______________________

Antwort: ______________________

2 Tina darf sich noch einen Schal, eine Mütze und 1 Paar Handschuhe kaufen.
Rechne aus, wie viel sie bezahlen muss.

Wollschal 6,– €
Pudelmütze 7,– €
Paar Handschuhe 5,– €

Sonderangebot

Frage:

Zeichnung:

Rechnung:

Antwort:

Tipp:

Seit dem 01.01.2002 bezahlt man mit Cent/Euro. Davor benutzte man die Währung Pf (Pfennig)/DM (Deutsche Mark). 1 DM ist ungefähr die Hälfte von 1 Euro wert.
1 DM = 100 Pf

3 Am nächsten Tag müssen sie Tinas neues Kleid umtauschen, weil der Kragen ein Loch hat.
Der Preis war 35 €. Jetzt sucht sich Tina ein anderes Kleid aus, es kostet 29,90 €.
Wie viel Geld bekommen sie zurück?

Frage:

Zeichnung:

Rechnung:

Antwort:

Pfiffikus

Hier kannst du zeigen, dass du ein Pfiffikus bist. Auf dieser Doppelseite kannst du den Stoff des Heftes noch einmal wiederholen. Die Zeichnungen kannst du in deinem Heft machen.

1 Tina möchte sich ein Kleid nähen.
Sie kauft dafür 2 m Stoff zu je 6 € und
6 Knöpfe zu je 0,50 €.
Errechne den Gesamtpreis.

Frage: ______

Rechnung: ______

Antwort: ______

2 Um 13.15 Uhr kommt Tina von der Schule nach Hause. Sie isst $\frac{1}{2}$ h zu Mittag und macht $1\frac{1}{2}$ h Hausaufgaben. Rechne aus, wann sie mit den Hausaufgaben fertig ist.

Frage: ______

Rechnung: ______

Antwort: ______

3 Bei dem Sportfest sprang Stefan 3,40 m weit. Jan sprang 20 cm weiter. Rechne aus, wie weit Jan sprang.

Frage: ______

Rechnung: ______

Antwort: ______

4 Tina darf sich eine Bratwurst und eine Cola kaufen. Wie viel Geld bekommt sie zurück, wenn sie mit einem 10-Euro-Schein bezahlt?

Imbissstand

Bratwurst	**1,40 €**
Cola	**1,00 €**

Frage:

Rechnung:

Antwort:

5 Ein Schnellzug fährt die Strecke von Frankfurt nach Köln in 2 Stunden und 15 Minuten. Wann kommt er in Köln an, wenn er in Frankfurt um 12.30 abfährt?

Frage:

Rechnung:

Antwort:

6 Frau Hiller hat in ihrem Einkaufskorb: 2 kg Äpfel, 250 g Kaffee, 500 g Kekse und 150 g Bonbons. Wie viel wiegen die Lebensmittel? Rechne in g um.

Frage:

Rechnung:

Antwort:

Tipp:

Wenn du eine Aufgabe nicht lösen kannst, schau noch einmal vorne nach.

Hier siehst du alle Bilder, die in den roten Dreiecken auf jeder Seite versteckt sind. Male das jeweilige Bild bunt an, wenn du mit einer Übungsseite fertig bist. So siehst du auch, wie fleißig du schon warst.